MW01439589

A la luz de la tiniebla

Solangedar 2016

© A la luz de la tiniebla 2016-17
Nora Cruz Roque (Solangedar)

Colectivo Editorial de
la Liga de Poetas del Sur

ISBN -10: 1530050804
ISBN -13: 9781530050802

Correcciones: Natalie Martínez Valles

Derechos reservados
http://noracrupr.wix.com/la-entintada
http://ligadepoetas2009.wix.com/ligadepoetas
solangedar@gmail.com

DEDICATORIA

A todos los que me han permitido luchar en la vida a través del amor que han derramado sobre mí. Su amor ha sido tan constante que me ha mantenido en pie.

A la nobleza de aquellos seres que han sabido aceptarme, perdonarme y continúan amándome: mis hijos y sus "tribus": Nora Ileana, Elimagdy Eunice, Elimagdier, María del Socorro, Ivette y Emmanuel

A mis hermanitos Esteban (Compy), José Antonio (Toño) y Eduardo (Gualdy) y a sus amadas compañeras que son mis hermanas también; Margo, Tata Haydee (Q.E.P.D), María y mi amada Mara.

Muy en especial a la primera persona que conoció de mis versos y luchas, mi sobrina Mara Sujeyli Cruz Ramos, quien fue la primera que pasó estas líneas al papel computarizado.

A mi compañero de mi última jornada José Claudio Seda, quien con su amor hacia mí, ha inspirado el segmento *El canto del girasol*.

RECONOCIMIENTO

A mi amada poeta, Natalie Martínez Valles, por siempre estar a mi lado, por ser mi tutora en los menesteres de producción, por sus momentos de trabajo en silencio y entrega, por su fidelidad a la Liga de Poetas del Sur y a su colectivo editorial.

¡Gracias Nati!

A LA LUZ DE LA TINIEBLA

La noche es larga, no hay luz en el interior del ser. Solo una vela con un pabilo encendido, humeante como única compañía en el espacio que brinda un cuarto pequeñito, sin muchos detalles. Fue muy dura la despedida, la separación…romper el cordón umbilical. No se está segura(o) aún si se hizo o no lo correcto.

Una etapa de la vida comienza, sola (o), sin nadie que sepa o entienda el sufrir de haberse despegado de lo más que ama. El comenzar causará depresión, momentos de bipolaridad y locura síquica. La vela con su pabilo humeante será la compañía nocturna donde aflorarán tantos recuerdos y tormentos.

Llegará el día de decir basta; hay que reconciliarse con el yo, perdonarse y limpiarse para vivir una nueva vida. El pabilo se extingue y desaparece el dolor. Hay esperanza, ha salido el sol.

CONTENIDO DE LOS SEGMENTOS
(El girasol como símbolo de búsqueda de luz)

SEMILLA GIRASOL FETO

Inicio
Soy
Quisiera
Ardo en deseos de escribir
Musa en éxtasis
Soy girasol

GIRASOL SEMILLA AL VIENTO

Cuento corto
En escapada
Despedida parcial
La partida es lo mejor
Duda con temor

GIRASOL EN SOLEDAD Y DEPRESIONES

Siete llamadas
A mi amiga soledad
Mar de tinieblas

Miedos
Muero
Silencio en la noche
Ruidos
En las garras
Locura síquica
Noche de muerte
Sarcasmo
Auxilio
Estoy loca
Bipolaridad
Gritos del silencio

GIRASOLES SERES

A Jesús de Nazaret
A los que ya no están
Regalo de tarde
Renacer
Contraste
Marginados
A ti maestro
Difusores de la radio
Dualidad
Poeta
Te conozco poeta

Desvelo poético
Y eso...
Te pregunto
¡Gracias Poetas!
Que soy sin ti

GIRASOL LIBERTAD

Basta ya
Suspiro final
Buenos días amor
Mariposa
Mil colores de pasión
Claro de luna
Gracias lluvia
Soy tu
Felizmente sola
De cara al amor
Confesión

EL CANTO DEL GIRASOL

Nuestro encuentro
Mi niño travieso y lindo
Tus ojos
Lo que parecía un adiós

Cuando te tengo ante mis ojos
Tus labios son tu voz
Análisis vespertino
El álamo y tú
A mi amado José

ÍNDICE EN ORDEN ALFABÉTICO

A Jesús de Nazaret 58
A los que ya no están 60
A mi amiga Soledad 35
A mi amado José 113
A ti maestro 66
Análisis vespertino 111
Ardo en deseos de escribir 19
¡Auxilio¡ 49
¡Basta ya! 86
Biografía de la escritora 114
Bipolaridad 51
Buenos días amor 89
Claro de luna 93
Confesión 100
Contenido de los segmentos 04
Contraste 63
Cuando te tengo ante mis ojos 109

Cuento corto 25

De cara al amor 98

Dedicatoria 01

Despedida parcial 28

Desvelo poético 74

Difusores de la radio 67

Dualidad 69

Duda con temor 30

El álamo y tú 112

En escapada 26

En las garras 43

Estoy loca 50

Felizmente sola 96

Girasol en soledad…Girasol en depresión (Sección) 32

Girasol libertad (Sección) 84

Girasol semilla al viento (Sección) 24

Girasol semilla feto (Sección) 13

Girasoles seres (Sección) 56

Gracias lluvia 94

¡Gracias poetas! 79

Gritos del silencio 53

Información de la Liga de Poetas del Sur 117

Inicio. 14

La partida es lo mejor 29

Locura síquica 44

Lo que parecía un adiós 108

Mar de tinieblas 37

Mariposa 90

Marginados 65

Mi niño travieso y lindo 106

Miedos 38

Mil colores de pasión 91

Muero 39

Musa en éxtasis 20

Noche de muerte 46

Nuestro encuentro 104

Poeta 71

Que soy sin ti 81

Quisiera 17

Reconocimiento 02

Regalo de tarde 61

Renacer	62
Ruidos	42
Sarcasmo	47
Siete llamadas	34
Silencio en la noche	41
Soy…	15
Soy girasol	21
Soy tú	95
Suspiro final	87
Te conozco poeta	73
Te pregunto	77
Tus labios son tu voz	110
Tus ojos	107
Y eso	76

A la luz de la tiniebla

Tus pétalos al viento,
Tus semillas,
Tú..
Todo girasol

GIRASOL SEMILLA FETO

Una pequeña habitación en penumbra, en silencio, es lo que cobija. Este será el espacio real, sin hermosura, frío, sin historia. Momento propicio para la meditación. El dolor inmenso de separarse de lo único que se tiene. Surgen preguntas: ¿Quién soy? ¿Qué soy? ¿Para qué soy? ¿Habré hecho bien?

Inicio

Soy

Quisiera

Ardo en deseos de escribir

Musa en éxtasis

Soy girasol

INICIO

Como alma sumisa y serena
Comienzo mis versos fetales
Respiran con manos astrales
Rimas vagas y silentes
No es un verso elocuente
Pues comienza hoy a nacer
Son líneas mal editadas
Son ideas vagas que salen de cuando en vez
En luna llena o esperando la lluvia triste caer
Ya vez, no sé si empiezan o acaban
Solo sé que no fue ayer
Es de siempre, más avergonzada
Ocultaba este hermoso afán de decir en diferente
Lo que siento, vivo y muero

Lector, este es mi verso
Es mi poema el que vas a conocer
Es verso mal parido
Es verso con dolor
Es verso que en el olvido puede que anide en ti
Es mi verso rústico y sano
Que contigo voy a compartir

SOY

Ha llegado el momento de mi verdad
Verdad que expresa lo que siento
Sin tapujo ornamental
Una verdad que grita con fuerza y valentía
Que voy brotando en armonía

Aún no sé que soy,
Mas sé que existo ahora
Que me queda valía y razón
Que contra viento y marea
Lucho con inmensa pasión

Pasión en pétalos arrancados
Pasión mezcla desolación
Pasión vida a la esperanza
Pasión que invade el amor
Amor incomprendido
Confundido con bajezas
Por no entender mi candor

Quiero ser verdad,
Ser espuma
Ser una exquisita flor

Con espinas, con aroma y con color

Esta es mi poesía canción
¡No me toques!
¡No me trates!
No traspases el umbral
De la que canta su verdad

QUISIERA

Quisiera ser cascada clara
Que arranque y limpie piel
Quisiera ser atardecer que avecine una noche tranquila
Quisiera ser golondrina que busca la lluvia cristalina
Quisiera ser mariposa en tiempo de primavera
Volar por la vereda para chupar el rico sabor
Ser capullo, ser flor de todo lo que la hermosura inspira
Quisiera ser tranquila estirpe
La vez que chapoteo, gracia, alegría y desvelo
Quisiera ser de alguien el anhelo, las ansias de vivir
Quisiera ser feliz y que otros por mí fueran
Quisiera ser sol para irradiar luz al que vive en las tinieblas
Quisiera ser como niebla clara que en el monte se espasea
Y jamás darme alarde por los dones recibidos
Solo quiero ser pobre y rica a la vez
Para poderte querer con entrega y sin medida
Así es el alma mía que aspira a hermosos futuros

Donde encuentre lo puro, lo perfecto y lo
imperfecto
Llenándome toda de amor con ese hermoso sustento

ARDO EN DESEOS DE ESCRIBIR

¡Musa! ¡Musa! ¿Dónde estás?
Quiero tenerte, te quiero abrazar
Soy como árbol lleno de flores que pronto explotará
En pétalos rosados a punto de sangrar

¡Musa! ¡Musa! ¿Dónde estás?
Dime como canto, como hablo
Yo no tengo rima, solo sé soñar

Los grandes poetas, los que saben más
Leen, oyen y no escuchan
Mi prematuro poetizar

Es así como salen mis versos de niña
Al momento, en la risa, con la brisa, en mi caminar
Mi verso sale libre y puede volar

Oh musa encantadora
Dime como rimo, dime
¿Dónde estás?

MUSA EN ÉXTASIS

Musa que te enciendes cuando hay tema de que hablar
Lluvias rompen los silencios del corazón pensante
Las auroras y amaneceres respiran a dura voz
Con todo su esplendor le gritan a cada oído
Que todo tiene sentido y todo tiene su entrega
¡Musa, esta es tu noche, escoge tú el lugar!
Escoge las metáforas y símiles que acompañaran tus cantos
¡Nubes espesas, levanten alto!
¡Que se descubra el telón!
No es una rara función ni es tan solo un divagar
No es un tonto pensar por cada minuto que pasa
Es Musa que derrama su sabor y su textura
Describiendo lo sencillo con exquisito manjar
Con palabras cadenciosas, silentes, hermosas
Que no todos saben escuchar
Se necesitan oídos nocturnos para esta fiesta poética
Así entonarán la misma canción que yo
Besaremos a Musa que hizo posible este viaje
Entregaremos equipaje a quien lo quiera tomar
Para seguir la ruta poética sin descansar

SOY GIRASOL

Soy cual girasol
Giro, giro sin parar
Busco luz, busco verdad
Ando en busca de mi paz

Esa paz que no se encuentra
En cualquier otro lugar
Giro, giro buscando paz
Giro, giro buscando amar

Soy fuerte, reto al sol
Algunos con mi fuerza se fascinan
Otros mi poder de buscar detestan
Yo solo giro, giro cual girasol

Habrá quien de mi musite
¡Qué horrible es esa flor!
¡No es delicada!
¡Es árbol sin flor!

Yo solo giro como girasol
Busco, busco al sol

Claridad dentro de mi oscuridad
Busco, busco el amor

A la luz de la tiniebla

*pétalos ancianos
cansados de coger el duro sol
me desprendo…
me voy…*

GIRASOL SEMILLA AL VIENTO

El dolor de la escapada. Un frío interior se cuela por cada célula al recordar tan doloroso momento. Son años pensados quedarse es morir. Las preguntas continúan… Ellos, los que amo, ¿Cómo me juzgarán? Nunca les conté, no les dije que moría. Es lo que siempre sucede, tratando de proteger, decimos que todo está bien. Eso trae incomprensión de muchos. ¿Me voy? ¿Me quedo?

Cuento corto

En escapada

Despedida parcial

La partida es lo mejor

Duda con temor

CUENTO CORTO

Ingenua y creyente sus huellas dejó a la luz
El rey astuto descubrió sus secretos
La hechizó con odio y en la torre la encerró
Desparramando al mar su libertad

Como ninfa prisionera trató de convencer al dragón
Gritó a los príncipes que pasaban
Todo lo relacionado a su dolor

Un día el rey astuto sin darse cuenta
La puerta de la torre abierta dejó
Sin pensar en el peligro que corría
Al mar se arrojó, escapando de la prisión

EN ESCAPADA

No sé si salga algún poema
Ojalá Musa pueda escapar
En mi mutis y tristeza
Ya no sé ni que pensar

Guerra, odio, llanto, tristeza
Silencio, soledad
Por primera vez la deseo
Si... a mi amiga Soledad
La que siempre me acompaña
En mis ahogos- delirios
En mis corajes y penas
¡Bendita Soledad!

He decidido separarme
Cortar el cordón umbilical
El que me aprisiona y ahoga
Asfixiando como enfermedad

Hoy di muestras de coraje
De aturdimiento, criminalidad
Gusanos quemaban mi boca
Gusanos eché a llorar

Soy un ser que fui creado
Con don espiritual
Con entendimiento y valía
Y algo de autoridad

Cadenas voy a romper
Romper cadenas, volar
Jamás mirar atrás
Y aunque sea con Soledad
Buscaré mi libertad

DESPEDIDA PARCIAL

Sé que no se acaba el final
Sé que la luz seguirá brillando en la oscuridad
Recojo el candil y soplo suave
Descanso en eterno callar

Busqué y encontré confusiones
No sé aún dónde el tesoro está
Regresar no deseo, todo empuja hacia allá
¿Eso quieres Shadai?

Contigo no puedo luchar
Eres el Fuerte, el Sabio, el Todopoderoso
Súbdita y esclava de ti soy
Si me resisto la batalla pierdo

No tengo temor
Solo pienso
Solo medito
Creí que me iría mejor

LA PARTIDA ES LO MEJOR

Años vacíos, años luchados
Años buscando un porvenir
Dolor agudo, dolor ufano
Laberinto de agonía y existir

Nadie supo que sucedió conmigo
Quizás ni yo misma lo entendí
Me voy, aquí ya no vivo
Aquí no quiero morir

Prefiero morir sola, lejos, morir
Morir en paz sabiéndome otra
Sabiendo que luché con afán
Aquí no deseo existir

Aquí el hastío y la incomprensión
Parten mi corazón en dos
Y duele... duele, mejor es el adiós

Si algún día lector lees mi llanto
No justifiques mi acción
Solo acepta y perdona a esta poeta sin voz

DUDA CON TEMOR

¿Estaré haciendo bien?
Voy a abandonar el nido,
el nido tengo que abandonar
Mis polluelos estarán solos
Lejos de mí lo sé

Mis alas pesadas se quedaron sin volar
Llegué a este lugar tan oscuro y a Soledad encontré
Tengo miedo, me siento sola
¿Qué ahora voy a hacer?

Punzantes quejidos tiene mi corazón
Voy a extrañar mis polluelos, siento mucho dolor
Tengo que volar, por ellos, por mí
Me siento sola, dudo, temo
¡Ay que dolor!

A la luz de la tiniebla

angustia de desprendimiento de pétalos quemados
ya no sirven para la germinación
Son pétalos abandonados,
pétalos muertos,
pétalos separados,
pétalos.

GIRASOL EN SOLEDAD... GIRASOL EN DEPRESIÓN

Es tarde, el cuarto sigue pequeño, sin vida, con mucha humedad. La luz de la vela pronto se extinguirá. Se realiza que se está totalmente en soledad. Llega el juicio sobre el alma cansada, agotada, desilusionada y sin muchas fuerzas para luchar. El pabilo se consume y ya no quedará luz. ¡Qué depresivos momentos!

Siete llamadas

A mi amiga soledad

Mar de tinieblas

Miedos

Muero

Silencio en la noche

Ruidos

En las garras

Locura síquica

Noche de muerte

Sarcasmo

Auxilio

Estoy loca

Bipolaridad

Gritos del silencio

SIETE LLAMADAS

Anhelante…
Silencio

Juguetona…
Silencio

Esperanzada…
Silencio

Preocupada…
Silencio

Desilusionada…
Silencio

Desamada…
Silencio

¿Estás ahí?...
Silencio

A MI AMIGA SOLEDAD

Fuiste conmigo en momentos inquietantes
Queriendo correr por no sentirte en mí
Llegué a sentir angustia si conmigo te quedabas
Pues aunque eres mi compañera no te deseaba

De pronto, fugaz figura paso frente a mi espacio
Inocente, pregunté si a su lado podía estar
Me sentía sola, triste, asustada, abandonada
Sonrió, permitió separarme de ti Soledad

Correcto, demasiado tal vez, calmado, cortés
Habló de sus cosas pasadas sin nada soez
¡Oh amiga eras su amiga también!
Ya no estábamos solos, tú no estabas allí

Danzamos, sonreímos y todo por nuestro encuentro
Amiga mía te agradezco lo que hiciste por mí
Necesitaba alguien con quien hablar
Un lenguaje diferente, similar

Dejaste espacios abiertos a la esperanza
Hoy lo recuerdo y extraño su voz
Fue tan sutil, sus frases dulces, gentiles

Llenaron mi corazón infantil

Amiga Soledad, ¡Aléjate!
¡No te enojes!
¡Déjame en paz!
He encontrado un alma gemela, déjame disfrutar

MAR DE TINIEBLAS

Claro de luna que se espesa con nubes grises
Tormenta que se avecina sin gozo soñado
¿Quién tiene la calma?
¿Dónde comienza el huracán torpedo?
¿Dónde me refugio para no morir?
¿Habrá lugar de claridad?
El mar ruge oscuro dentro de mi alma
Y no consigo refugio espiritual
¿Hacia dónde corro ahora?
¿A dónde puedo escapar?

MIEDOS

He trabajado mis propias cadenas
Nudos fuertes, y dolientes tengo por piel
Despreciado el don entregado
Vivo en cero... cero... cero

Me presentan banquetes... vomito
Me limpian el camino
El lodo rojo vuelve a surgir
No valgo nada... nada... nada

Me abandono en brazos ajenos
Brazos mutilantes de disfrazado calor
Es fuego en infierno
Nada nutre mi pobre corazón

MUERO

Muero haciéndome niña
Muero haciéndome mujer
Muero porque nadie me ama
Como se debe querer

No hablo de amores filiares
Hablo de amor de placer
Hablo de saberse deseada
Hablo de un rico querer

Muero porque mi alma vacía
No encuentra a quien querer
Muero porque nadie me ama
Como se debe querer

No hablo de una muerte casual
Hablo de Muerte- Soledad
Hablo de que se secan mis flores
Y no podré germinar

Muero haciéndome niña
Muero porque soy mujer
Muero sin encontrar el amor

Como un día lo soñé
Muero haciéndome niña
Muero queriendo ser mujer
Muero sin sellar mi amargura
Muero sin ver el amanecer

SILENCIO EN LA NOCHE

Nadie me llama todos me olvidan
Tal vez las horas pasan sin tener prisa
Se siente triste no tener voces
Que rían, que lloren, que digan mi nombre

Nadie me llama todos me olvidan
¿Acaso soy nubarrón o alma perdida
en este incierto mundo de almas dolidas?
Nadie me llama todos me olvidan
¿Qué me traes noche?
¿Qué me traes vida?
Nadie me llama
Todos me olvidan

RUIDOS

Ruidos tontos, imbéciles ruidos
Ruidos que quieren aturdir a Soledad
El pájaro, la lluvia, el aire, la tempestad
Ninguno molesta, no son de humanidad

Ruidos de voces, voces hirientes
Voces que golpean, arrancan tranquilidad
Ruidos odiosos, ruidos de humanidad

Sonido de brisa, sonido de mar
Aves sonoras, ruido fugaz
Si siempre fueran esos mis sonidos
Y no el ruido de la humanidad

Escucharía como los sordos, que en silencio viven
No los lastiman, no aturden a Soledad
Los ruidos míos, los inquietos
Duelen
Me hacen llorar

EN LAS GARRAS

Agudos espinazos clavan mi ser
Quiero gritar, vomitar, correr
Suenen voces, quiten este doloroso silencio
¿Acaso no ven que muero?

Lancen mentiras, ensayen en mutis
No me dejen sola
Soy casi la dama loca
En busca de su Marcelo

Darío, hazte presente
Aunque sea en espíritu
Tócame, abrázame
Dime "Te quiero"

Estoy en las garras de mi propia prisión
Soldé barrotes y sellé puertas
Darío cuídame, cobíjame
Estoy en un torbellino atroz

LOCURA PSÍQUICA

Las cucarachas suenan en la pared
Van a comer mi piel
Cucarachas bochincheras
¡Métanse en sus trincheras!

No son cucarachas, son seres
Son sonidos de pared
Duermo
Canto
Inconsciente queda mi piel

Grito sin control y sin saber por qué
Fría piel
Niña fría piel
¡Te mato si gritas!
¡Yo grito!
¡Calla tú!
Duerme, canta miente mi amor

No es amor, es seca piel
Temblor, taquicardia sonada
Duermo, canto, hablo con Dios
Paz
Grito
Golpeo
Paz
Ardo
Soy paz

NOCHE DE MUERTE

Me siento rara, sin poder respirar
Mi corazón late con prisa
Las hojas del árbol que se respiran por la única
ventana no se mueven
Estoy muriendo
¡Respira!
No… no… no puedo
Me muero
La luz… la luz… se apaga
Muero…

SARCASMO

Es lo más que detesto de mí
Escondo mi cruel realidad
Río y carcajadas salen por doquier
Seguridad muestra mi ser
Luzco vanidad y coquetería reflejo a distancia
Mas es tonta mi elegancia
Pues esa no está en mí
En mí, oculta esta la impotencia, la amargura y la pena
Una sensación de quimera
Que me aleja cada vez más
Que me come cual serpiente voraz sin masticar lo que traga
Río cuando quisiera llorar y lloro para hacer reír
Doy muestras de cansancio para poderme ocultar
Entre hojas de jazmines
Sueño con mil querubines, visto de princesa sin príncipe
Cada noche hasta que amanece
Y aunque todo reverdece yo seco día a día
Mi alma está en agonía
Y pronto se morirá

Mi sarcasmo me viste y calza hasta que llegue mi funeral

AUXILIO

Esta noche me refugio
Nuevamente en Soledad
Sola
Sola
Sola no... con Darío
Mas de pronto, releo, recuerdo
Allí, donde te conocí
Cierro mis ojos, extraño el no tenerte aquí
Hoy me hundo en agonía
Me hundo en Soledad
Otra vez ella me aprisiona
Ayúdame tú
Ayúdame a respirar

ESTOY LOCA

Soy loca de la vida loca
Loca, no me entiendo
Digo y hago amor
Seco todo... ¡Loca! ¡Loca!
Estoy loca de pensamientos locos bipolares
No existe control en mis emociones
El talento lo vacío en locuras vanas
Ahora tampoco amo ni siento
¡Muero de locura!
¡Auxilio!
¡Estoy fuera de control!
¡Auxilio!
¡Soy loca de pasión!
Pasión muerta
Seca de amor
Me secaste Darío-Hombre
Me secaste la pasión
¡Soy loca!
¡Loca de la vida loca!
Digo y no siento el amor
¡Auxilio!
Me veo en dos

BIPOLARIDAD

¡Callen malditos!
¡Malditos callen!
¿Acaso no saben que estoy aquí?
¡Malditos, que se queden sin habla!
¡Callen para yo poder hablar!
¡Callen malditos!
¡He dicho que callen!
Sus voces expelen desorden
Las mías... paz

Es terrible lo que el alma sin freno puede pensar
Deseos de muerte, venganza, silencio total
¿Por qué si Belleza existe, Fealdad se apodera?
¿Por qué si Paz vive, hay desordenada condena?

¿En qué laberinto me han escondido?
¿Cuántos años tengo que esperar?
¿Dónde está la nueva senda la que encontré en
invierno lunar?
Aquella senda la llamé Libertad
La creía segura, ahora es fugaz

Siento desatino a mi persona

A la luz de la tiniebla

Fui libre para doblegar
Renegar no debo del inocente
Por ellos vivo y muero también
¡Calla loca! ¡Deja que los demonios griten sin parar!
Así quedarán mudos y no volverán a gritar
Veré realizada mi venganza
Y moriré saboreando en paz

GRITOS DEL SILENCIO

Noche, si no acabas, terminaré en un pedernal
Los ruidos apagan, acrecientan, vuelven a comenzar
No respiro, no escucho, solo gimo

No son mis ruidos los que escucho
Gritos de demonios
Gritos angelicales
No distingo cuáles son
¡Vengan soldados de las luces! ¡Destruyan a los del mal!
Brinden un poco de cordura a la que no sabe respirar

Ella tiene razones para su grito exhalar
Se burlaron de su inocencia, le vendieron su pudor,
La decoraron con lujos sucios y con pagos de dolor
Se perdió en su aposento santo, trató de pelear con bravura y fantasía
Pagó con el silencio y el olvido
Solo se escucha el gemido de su corazón enfermo
El que grita en el silencio por un poco de perdón

Perdón… ¿para quién?
Para la pecadora… ¿pecadora de qué… de amor?

¡Camina!

Allá se escucha una canción
La Patria llora y canta
El niño gime y duerme
La poesía se hace vida, se hace luz
Todo queda en el olvido, nuevos caminos de voz se abren a tu destino
No hay que pedir perdón

A la luz de la tiniebla

Han regado agua fresca a las raíces muertas.
Estas sienten el latido de sus voces musicales.
beben,
se alimentan,
hay líquido suficiente para el llanto
¡Hay esperanza!

GIRASOLES SERES

Un alguien tocó a la puerta. La estancia se iluminó. Otra clase de luz comenzó a llenar aquel cuarto frío y vacío. Eran los seres de las palabras, los que narraban una historia silente, los que habían pasado por cuartos parecidos, fríos y sin luz, los que a la luz del pabilo humeante lloraron sus penas igual que otros. ¡Benditos seres! ¡Los vagabundos, los adictos, las madres solteras, los humildes trabajadores, los antepasados, los que ya murieron y los que más ayudaron… ¡los poetas! ¡los girasoles seres! ¡Seres de luz!

A Jesús de Nazaret

A los que ya no están

Regalo de tarde

Renacer

Contraste

Marginados

A ti maestro

Difusores de la radio

Dualidad

Poeta

Te conozco poeta

Desvelo poético

Y eso…

Te pregunto poeta

¡Gracias Poetas!

Que soy sin ti

A JESÚS DE NAZARET

Nunca te había dedicado un poema
Hace tiempo que no te oro
Tu presencia continua añoro
Sé que sin ti la vida no vale la pena

Hace años que tu presencia ausente estaba
encadenada
Loca, desmesurada en placeres e idioteces
Son parte de lo carnal
¡Qué difícil se me hace ser espiritual

Ante este momento de quietud
Aquí con mis padres, frente a su tumba donde
reposan
Este silencio sacrosanto
De mí no brota el llanto
Siento deseos de cantar

Mas como podía espantar a los que en calma reposan
Te dedico estos versos, Jesús Crucificado
El Hermoso, El Amado
El que sufre mucho por mí

Sufres por la humanidad
Sufres y seguirás sufriendo
Somos humanos de pasiones rastreras
Somos duros de cambiar

Oh Jesús amado mío
Discúlpame una vez mas
Esta cabeza loca no sabe pensar
No sabe orar, no sabe canalizar
Que eres tu mi Dios que me amas
Sé que de ti solo amor emana
Por esta pecadora que te falla

Sé también que me comprendes
Y que esperas por mi tocando al corazón de mi puerta
Corazón puerta rota de dolor y desencanto
Hoy aquí en este camposanto
Te abro mi corazón
Tómalo, haz lo que quieras
pero tómalo por favor

A LOS QUE YA NO ESTÁN

Las guajanas han desaparecido
No es tiempo de flamboyanes
Solo los yagrumos marcan el sendero plateado
dentro de los miles de verdes
Mi recuerdo se ensombrece por el árbol de tamarindo
Los olores a pedacitos de caña humedecen mi nariz
Las tortitas de calabaza, las alitas fritas rechinantes
La emoción de ver sus rostros aunque ya no están aquí
Se han marchado de su entorno físico
Mas en mi corazón siempre existen como seres de luz,
ancestros bendecidos, acompañantes el jamás olvido:
mis padres, mis abuelos, mis amados familiares,
los seres que me protegen de los malos pensamientos
bendecidos y encendidos por la luz celestial
Este momento especial estará como legado,
son mis seres alados
algún día nos volveremos a encontrar

REGALO DE TARDE

Guitarra en mano sonríe a todos
Lanza sus rimas aquí y allá
Todos ríen, se burlan... ¡necios!
Nadie se da cuenta, es un galán

Risas ante el músico anciano
Guitarra en mano sale a cantar
Torna su rostro en serio
Deja sus rimas de rica paz

Era de Dios de quien hablaba
Profetizaba a la humanidad
¿Habrá entendido el sordo?
¿Quedó el mensaje en el corazón?

Quizás los otros, cuenta no se dieron
Yo sentí gozo, emoción, paz
Pues conocí un anciano poeta
Que lanzaba rimas al azar

RENACER

Así son las cosas para el que vive
Así son las cosas para el que lucha
Mueren unos y otros nacen
El mundo no acaba solo descansa

Nace un nuevo retoño de un vientre sano
Recibe la bienvenida a este mundo urbano
Hay risa, existe placer
Una nueva criatura pronto va a nacer

Dentro de una pena hay un gozo
Dentro de esa pena hay expectación
Un momento de reposo, un momento de oración

Dios que das vida y el momento final
Danos luz en las tinieblas y en el pesar
No dejes que muera lo que tú creaste
No dejes que muera lo que nos forjaste

CONTRASTE

En un abierto recinto de oración
Posición indígena orante
"Señor soy bueno y tú lo sabes"
"No me dejes, no me desampares"

Dormita otro tal vez sin hogar
Sin importarle nada aquel lugar
Era seguro, acogedor, eso bastaba
Y yo sentí que perturbaba

Salí presurosa, triste, abatida
"Yo soy bueno Señor tú lo sabes"
Resonaba en mi pecho, en mi corazón
Aquel lamento de oración

¿Por qué Señor, por qué?
¿Por qué permites tal degradación?
Es un ser que no puede dejar su adicción
Te lo dice, te lo pide y callas Señor

Afuera todo era alegre y cordial
Adentro, angustia y soledad

¡Qué triste Señor, que contraste errante!
¿Así eres tú mi Señor?

MARGINADOS

En las calles solos viven
Sus caras tristes, vagabundas
Enfermos de dolor
Piden limosna, piden dinero
Sus caras piden un poco de amor

Sucios, descalzos, mal olientes
Expresan su pena, su dolor
Son los marginados, los vagabundos
Son el pobre rostro de Dios

No se confunda el vagabundo
Con el aprovechado parásito
Pudiendo ser útiles piden limosna
Que luego usan en daño pro

Pido clemencia para el que sufre
Por el que carece de pan y hogar
Que con vergüenza pide con pena
Un poco de aliento, un poco de paz

A TI MAESTRO

Con mis manos extendidas pido un aplauso sincero
para cada educador que se ha dado por entero
La tarea nunca es fácil y casi nunca es premiada
Pero cuando se ama y se siente pasión
no cabe duda y con toda razón
y hay que decir con orgullo
que sin la presencia de un buen maestro
nunca hubiésemos salido del capullo

Hoy en Puerto Rico se le llama a esta semana
Semana de la Educación
el viernes se le dedica al maestro luchador
¡Qué viva el maestro bueno!
¡Qué sea feliz en esta ocasión!
Yo que también nací y seré maestra
Saludo a mis colegas con cariño y devoción

DIFUSORES DE LA RADIO

Pregoneros de lo que ocurre alrededor
Portadores de lo acontecido en el mundo entero
Hombres y mujeres que portan la verdad oculta
cuando se trata de política o de gobiernos nuevos

Valientes trabajadores
que cual payasos ocultan su dolor para hacer reír al extraño
Consejeros, educadores, enfermeros del dolor
interno y solitario
Portadores de fibras de amor
cuando en melodías se esparraman al escuchador
nocturno
Recogedores de historias, de luchas y de batallas
Coleccionistas de la música que ya no se escucha

Son los sensibles difusores de la radio
Los que en las noches y en las tempranas mañanas
nos hacen sentir que la vida no es vana
Son los difusores de la radio
los que tal vez en una pequeña cabina
Llenan al mundo de sonido pleno
Hoy en mi verso sencillo mas con todo esmero

doy las gracias a los solitarios de la estación
A los que llenan mi vacío con poesía y canción
Felicito y me inclino ante los que se mantienen
cultos
sin daño a la patria o a la mujer
Doy mérito a los que se mantienen respetando
lo que vale su trabajo
Alzo mi alabanza al Gran Maestro Difusor
Para que bendiga y proteja
a los Difusores de la Radio en tan hermosa misión

Dedicado con todos mis respetos
en el Mes de la Radio- Mayo del 2007

DUALIDAD

Dedicado a Julia de Burgos
24 de abril del 2002

Se llora al leer tus versos
Se recuerdan soledades pasadas
Dolores no queridos, amores ya perdidos
¿Quién fuiste?
¿Reflejo de almas solas?
¿Virgen amada de un río?

Eres y fuiste ejemplo de mujer
Rosa
Cielo
Tierra

Eres tú amada hermana
La que corrige mis penas
Escribo
Sollozo
Vivo contigo mis secretos

Secretos que respiran versos
De amor, soledades y esperanzas

A la luz de la tiniebla

Guíame tú poeta hermana
Por este mar y azul cielo

Dime cómo se vive y muere
Como se sueña y suspira
Como se dan y reviven amores
Con un día de pasión

Hoy nada me queda
Solo tú al visitar mi alma
Que en paz se levanta cual espíritu gemelo
Gracias poeta amada

POETA

Poeta, ¿Cómo estás? ¿Qué sientes?
¿A dónde vas?
¿Sueñas? ¿Amas?
Eres poeta... ¡tienes que amar!
Tal vez amas la brisa
El cocotero, la lluvia caer
El populacho tomando cerveza
Los niños jugando bajo el candil

Poeta... ¿dime qué sientes?
¿Eres feliz?
Eres poeta... ¡Tienes que ser feliz!
Tu amiga es la poesía
Tus amigos los versos son
Te rodean y acompañan
En las noches y al despuntar el día

Poeta... ¿Te gustaría conocerme?
¿Quieres saber de mí?
No sé qué contestarás a la mía
Mas siendo ambos poetas sé que te gustará

Compartir rimas, bohemias
Hechas de vida y calor

TE CONOZCO POETA

Te conozco poeta aunque no sé muy bien
Dulce caricia mis ojos duermen
Mi sueño cuidas, duermo... duermo

Hablas quieto, elocuente, poeta de verso sapiente
Tu musa respira vida
Mientras acaricias mi frente

Te conozco poeta aunque no sé muy bien
Me miras en poesía
Caminas en verso libre

Rimas con gente sencilla de la que te has enamorado
Te conozco bien poeta, ardo en deseos de conocer
Tu lenguaje de poeta
Lenguaje mío también

DESVELO POÉTICO

¿Qué haces en las noches cuando los ojos no cierran y no hay bohemia?
¿Qué haces cuando tu cuerpo pide vida y solo hay hojas secas?
¿Tienes pesadillas cuando la soledad te consume?
¿Sientes que no respiras?

Hoy mi musa se torna gris
Es pasajero el sentimiento
Para que no habite lo extiendo
A los que hablan mi idioma

Estudié tu rostro, delinié tu boca
Cerré mis ojos y abracé al poeta
Poeta...de vez en cuando siento que el mundo se acaba

Vuelvo a cerrar los ojos y miro hacia mi adentro
Hay luz... hay esperanza... hay poesía... hay canción
Canto
Escribo
Vuelvo a vivir
Comparto este momento contigo, poeta

Permití que ocuparas este espacio
Aceptaste...
Estás aquí

Y ESO…

Y eso que no te he leído los tristes
Y eso que no sabes porque me fui
Y eso que no me has visto agonizando
Más pudiste entender mi vivir
Vivo triste amado
Expreso en diferente mi existir
Son muchos los que se han burlado
Y tú por mi te atreves a escribir
Hoy comienza un poético recorrido
Hoy por fin con alguien puedo hablar
Gracias mi poeta amigo
Gracias por tu melodioso dialogar
Y eso que no nos conocemos
Y eso que no hemos hablado del amor
Ni de guerras,
ni de odios,
ni de poesía,
Ya tendremos tiempo mi Poeta - Amor

TE PREGUNTO

¿Quién dice que no hay poesía en un árbol caído?
¿Con qué derecho afirmas que si la palmera dobla su tronco es porque está vencida?
¿Cómo te atreves a decir que el girasol es co dependiente del sol?
¿Cuál es tu prisa en afirmar que un tsunami puede destruirlo todo?
¿Por qué la insistencia en ver que Madre Naturaleza es una sometida a los golpes de la raza humana?
¿Para qué tu empeño en no creer en Dios si aunque lo niegues Él está en ti?
¿Cuándo fue la última vez que besaste el ala de un gorrión herido?
Te contesto y me respondo
¡Claro que existe poesía en un árbol caído!, si ese soy yo y eres tú
Y en dualidad nos podemos doler juntos
La palmera dobla su tronco en alabanza a Dios
No hay co-dependencia entre el sol y el girasol… lo que existe entre ellos es pasión
Tienes prisa de que acabe todo para no tener más… siempre habrá
Madre Naturaleza no es sometida ni rebelde,

ni compulsiva ni rencorosa,
Ella es, Madre
Madre Amorosa que pare constantemente aunque le arranquen su matriz
No la respetamos…

Y en cuanto a Dios… a mí solo me importa lo que siento
Los demás tienen la misma libertad que yo
Y un secreto… no sé distinguir una paloma,
de un pitirre,
una golondrina de un gorrión
Todos tienen alas y aún rotas…
han volado más que yo.

¡GRACIAS POETAS!

Leí sus secretos y entendí los míos
Alcé aplausos de paloma viajera
Lloré soledades profundas de quimeras
Humanicé mis sentidos muertos a tanto dolor
Entendí por qué soy loca y extendí mi locura
Si no hay inmortalidad y solo sale amargura
Satisfecha está mi alma
Encontré almas gemelas a la mía
Unos lloraron por la Patria quitada
Otros regalan besos a las almas amadas
Otros le hablan a Soledad como a una hermana
Otros revelan pasiones que no elevo a tocar
Todos son poetas
Locos sentimentales que no saben hablar
Solo cantan a la vida
Solo cantan a la Tierra
Solo cantan a Dios

Son poetas, son mis voces
Son poetas que me gritan como el buey muge
Si no muges enviste, lucha, no se rinde
Hoy en este aparte de mi vida en que un nuevo
rumbo voy a tomar
Canto y suspiro este lenguaje de amor
Grito de forma silente, enjaulada en prisión elegida
Quiero ser loca de palabras dolidas
Quiero ser loca de palabras encendidas
Quiero gritar versos vivos aunque muera
Quiero que noten que mis versos dicen
¡No voy a morir!
¡Voy con mi Musa a existir!

¿QUÉ SOY SIN TI?

Qué soy sin ti que me cobijas
Qué soy sin nadie que vele por mí
Quién soy si la brisa no llega con alas de sonrisas
Quién soy si por mí no suspiras

Eres esa sonrisa dormida que en mi se esconde en la noche
Eres la alegría del niño cuando quiere jugar
Eres la tibia lágrima que se escapa de mis recuerdos
Eres cuna para dormitar

Quién seré cuando ya no me cantes nanas
Quién seré si de mi te vas
Quién seré si no escucho tus cánticos y sonatas
Quién seré cuando ya no estás

Eres la seriedad y armonía realizada
Eres la música en flauta de dulce sonar
Eres la canción de mi tuna anciana
Eres la ternura de rostro angelical

Seré parte de tus esperanzas
Seré pedazos de letras y diseños llenos de estética
Seré tú… y tú serás yo

Somos un manojo de pétalos de rosa con olor a girasol

Hoy que ya de mí te despides, te abrazo y te amo
Así como eres… poeta, cantante, amante del sol y del camino
Hoja que se mueve en el ocaso del que se duerme
Mariposa juguetona con olor de Patria y tradición

Hoy que de mi te despides te abrazo y te amo
Así como eres… pintora de sueños patrios
Defensora de recuerdos de un padre, de una mujer soberana
Con detalles del ayer que hoy deseamos

Hoy que ya de mí te despides, te abrazo y te amo
Así como eres… diosa de la ternura y del arte encendido
Llena de cariño al hermano sin distinción de sexo, raza, edad o religión
Eres tú mi amada Mujer - Yo
Eres tú… soy yo… fuente de esta inspiración

A la luz de la tiniebla

Las avecillas han chupado el néctar recuperado,
lo riegan,
lo esparcen,
se viaja en un espacio hermoso de luz y calor.
Nada detiene.
Es el momento.

GIRASOL LIBERTAD

La luz del sol sustituye al pabilo desgastado. La noche de angustia y tormento ha finalizado y por la ventana se cuela la esperanza, la claridad bendecida y un halito de sabiduría llena el espíritu. Se analiza, se concientiza y se toma una decisión. El cambio fue el correcto. Ahora a caminar con las nuevas herramientas. Ser uno mismo, respetarse, valorizarse y el amarse para poder amar a los demás.

Yo valgo, yo existo, yo me amo, yo encontraré quien me ame, yo seré libre para amar y dejar amar.

Basta ya

Suspiro final

Buenos días amor

Mariposa

Mil colores de pasión

Claro de luna

Gracias lluvia

Soy tu

Felizmente sola

De cara al amor

Confesión

Suplantación

De cara al amor

¡BASTA YA!

Anoche me quejé por toda una vida
Anoche llegó el amanecer con dolientes heridas
OH vida eres cual las olas del mar
Repetitivo movimiento sin adorno crestal

Amanecer llegó con lágrimas furtivas
Un sol de amargura, un árbol sin espesura
Quietud
Quietud
¡Basta!

¡Es un hermoso día, hay frescura!
Esta noche habrá luna y le contaré
Compartiré esta promesa con ella
No habrá más queja no habrá pesar

Si nací para vivir en galaxias de primavera
Y convivo en estrella de quimera
Voy a hacer que la estrella brille
Que ilumine todo mi ser
Que respire luz y alegría
En cada nuevo amanecer

SUSPIRO FINAL

Las aguas van llegando a su nivel,
el torrente primero estaba saturado de fango
Ya lo que baja de la montaña es agua fresca y cristalina
Hay que beberla para refrescar el alma de esta vida
Ayer contemplé el aguacero y me dejé acariciar por él
Se sentía plácido y frío sin que me acosara en la piel
Y di gracias
Busqué en mis ojos internos y vi a mis seis polluelos,
grandes, multiplicados, saludables, preparados
y di gracias
Abrí mis alas un tanto rotas de tanto aletear
protectoramente
y los dejé ir
Lloré y di gracias
Quería que se quedaran polluelos eternamente
Para sentirlos siempre dentro de mi
Desgarré mis alas tratando de desprender ese sentido
egoísta
Mis alas están casi sin plumas y ya soy gallina vieja
Mas mis polluelos no
Busqué en mis ojos internos y vi a mis seis polluelos,

grandes, multiplicados, saludables, preparados
Y di gracias
Mis polluelos van a sobrevivir
Y doy gracias

BUENOS DÍAS AMOR

Es hermoso contemplar la llegada del día
Observar el resplandor del hermoso sol
Ver en cada verde la nota del roció
Ver la alegría del respirar de la flor

En la mañana exhalo todos mis sentidos
Sonrío al ver la lluvia tardecina caer
Me doy cuenta que vivo y vibro
Como nube clara en el mes de abril

Entonces tu rostro se posa en mi imaginaria ventana
Te sonrío y cierro los ojos en quietud
Estas ahí en mi lontananza, te doy mis buenos días
Me llenas de paz y quietud
Vuelvo a mirar el firmamento, cierro mis ojos
Estas tú

MARIPOSA

Cada mañana doy gracias a Dios
Pues amanezco como mariposa en girasol
Girasol buscando la luz del sol
Mariposa en busca del amor

Hoy doy gracias a la vida
Pues en ella se cobija la hermosa presencia de Dios
El que me ha dado libertad y la oportunidad de un nuevo amor
Mariposa en girasol
Libre mariposa que acepta el amor
El del fuerte y radiante girasol
¡Gracias Dios!

MIL COLORES DE PASIÓN

¡Amarillo de girasol buscando el sol de amor!
¡Rojo de fuego pasión buscando a vibrar mi corazón!
¡Decenas de tonalidades de verde encendiendo la esperanza!
¡Inmensidad de azul pálido intenso rompiendo la agonía vivida!
¡Colores, colores, vida, luz, pasión!
Estoy encendida de colores que buscan el amor
No quiero estar sola
Quiero sentir nuevamente poeta mariposa
Hoy me place componer y no concibo pensamientos hilvanados
Estoy posada
Llena de amor extasiado
Vertí pasión de amor
Torné de gusano en mariposa
Que hoy vuela gozosa, pues encontró su por fin buscar
Soy libre como el mar
Que se mueve en blancarinas olas
Soy yo
No estoy sola empiezo a recobrar pasión,

Quiero vibrar, quedar extasiada, quiero sentirme amada
Quiero ser color
Los años pasados han sido agónicos, secos áridos, estériles
El hoy está lleno de caminos que se tornan en color
La lluvia revive las flores y prados quemados y marchitos
¡Revive el amor!
Y yo cual mariposa,
vuelo, vuelo besando en candor
Soy mariposa en color,
Lista,
Sonreída
¿Dónde estás amor?

CLARO DE LUNA

La luna se posa toda y veo claridad
El camino se hace fácil y vuelvo a caminar
Con dolor subí del aprisco y camino con paso seguro

La luna me acompaña toda como queriendo decir,
Te falta poco puedes seguir,
Las metas ya están trazadas,
Lucha ama, separa todo lo que es fútil
Verás al fin que la claridad siempre estaba
Es que no la buscabas donde tenía que estar

GRACIAS LLUVIA

Me encantan los días de lluvia tras los días de sequía
Los días de lluvia me encantan, es bendición de Dios
Es la lluvia que florece
Lo mustio, lo agonizante, lo herido
Lluvia que alimentas y hermoseas
Lluvia que da vida a mis sentidos

Lluvia que limpias a natura
Limpia mi alma y mi silencio
Limpia mi desaliento
Es polvareda que ahoga
Limpia mi alma que asoma buscando lo limpio y sano

Lluvia después de la sequía, gracias por verte lucir
Dando esperanza a mi vivir y espacio a la claridad
Puedo profundo respirar hacia un nuevo amanecer

Veo que no todo está perdido
Se limpian madejas y lienzos sueltos
Se limpia el camino en espectro
Y veo todo despejad

SOY TU

Soy tú amada mía
Vengo con traje nuevo a tu fiesta de paz
Te has lavado, brillas
Te has perfumado, hueles a jazmín
Eres espejo, soy tú

Por un momento creí que te perdía
La calma y el candor llegaron al fin
Eres yo, soy tú amada mía
Te abrazo lánguidamente, amor

FELIZMENTE SOLA

La lluvia dejo de caer
Las gotas empapaban mi mente con sueños de princesa dormida
Silencio
Todos se han ido
Los pasillos del gran salón suenan vacíos
Shhh
Que nadie interrumpa este espacio hermosamente sombrío
No hay luces encendidas
Nadie sabe que estoy aquí
Guardo silencio en este rincón de penumbras
Estoy feliz
Silencio
Se fue y quisiera que no regresara
Se fueron y deseo estar encerrada
Antes vivía en un sarcófago aunque estaba afuera, frente a la muralla sagrada
Shhh
Que nadie note que estoy aquí
Mis pensamientos se hilvanan
La memoria recobrada a la musa abandonada
Shhh

Que nadie sepa que estoy aquí
Tu sola conmigo aprisionada en este castillo
encantado que me trajo la madrugada

DE CARA AL AMOR

Desencadenados pensamientos,
Gritos de dolor apagados
Fatiga del laberinto inexplotable
Brujas blancas acunando mis almohadas
Lucha perdida de brujas negras asfixiando mis sentidos

Shh… shh…
Apaguen las luciérnagas del desencanto
Cero dolores al no tener un escenario a mi lado
Vendrán, llegarán mil ideas y pensamientos claros

Shh… shh...
Mis ojos cerrados y apagados al sufrimiento se abren a la esperanza
La luz
Música
Las voces
La poesía
Silencio sin ruidos marchitos
Aparecen figuras, fuertes, hermosamente delineadas
Tocan mi cuerpo inerte y seco en danza de placer de nueva jornada

Se torna el cambio
Luz…Acción…Risa traviesa e inquieta Shh… shh…
La noche ha sido la única testigo de mi pasado dolor
La luz es la amiga que me recibe y abraza
El espejo de mí adentro me hace ver con detalles sonoros
Que estoy siendo aceptada
Que mis ideas locas se han tornado en bálsamo de amor
La noche ha sido la única testigo de mi pasado dolor
Shh… shh…
Del manantial que de mi ha brotado
Surge Musa sin tropiezo ninguno
Tengo a manos llenas
Soy en sentimientos plena
Existo viva y en alegría
Shhhhhhhh…
Silencio que llega el amor

CONFESIÓN

¡Declaro y no me importa si con ello quedo presa!
No me interesa si me dan un desacato por encubrir la verdad
Limpio mi cuerpo de la sangre oculta que me han ocasionado heridas que permití

¡Confieso que fui la maltratada!
La acuchillada profundamente al pulmón y al corazón
Cocieron mi boca con hilos de metal
Ataron mis manos a mi propio cuerpo
Sellaron las evidencias con dulzuras de tasas de café
Mis pies fueron taladrados para que no caminara hacia la libertad

¡Suplanto a la mujer de antes por otra diferente!
Y no es perjurio ante la sociedad
Es limpieza de las huellas de un crimen del que me condenan
Me convierto en mi abogado defensor
Y mi voz condenará como fiscal a mi opresor

¡Señalo que hoy encontré las fuerzas en las que han muerto por mí!
Y en nombre de ellas decido y declaro:
¡No quiero ser la abusada, la asesinada!
Quiero ver el horizonte sin penumbras y llamar a cada cosa por su acción

¡Decido!
Suplanto la que no era, quiero ser yo
Mujer - Mariposa de quimeras y fechas nuevas
Atardecer lleno de sol tibio y tranquilo
Amanecer lleno de rocío que anima y da vida
Mujer de denuncias ante el abuso permitido

¡Hermanas Mariposas!
¡Declaren! ¡Confiesen! ¡Suplanten! ¡Señalen!
¡Decidan!
¡Ya no moriremos más!

A la luz de la tiniebla

Soy cual girasol
Giro, giro sin parar
Busco luz, busco verdad
Ando en busca del Amor

EL CANTO DEL GIRASOL

Salí de aquel espacio que purificó mi espíritu. Bajé del desierto con pelos blancos y alisados. Me cubrí con manto plateado y me dejé llevar. Musa me tomaba de la mano. Amor y Libertad me regalaban girasoles que cantaban en tonos sonoros… ¡Eres libre! ¡Has vencido!

¡Te has ganado la felicidad!

Nuestro encuentro

Mi niño travieso y lindo

Tus ojos

Lo que parecía un adiós

Cuando te tengo ante mis ojos

Tus labios son tu voz

Análisis vespertino

El álamo y tú

A mi amado José

¡NUESTRO ENCUENTRO!

¡Y qué de quietud si todavía suenas!
Brisa, lluvia, mar silencio
¡Oh creador me permites ver los cinco colores de azul!
Siento tu lluvia en mi cuerpo asmático mas no me daña
Ruedo en las mareas del amor
¡Éxtasis!
¡Oh verdes de mil verdes, como toldos en las montañas!
Y que de los sonidos del coquí invitándose al amor
Y que de quietud si suenas como brisa, lluvia, mar, silencio
¡Éxtasis!
Y que de quietud si el canto de los pájaros revolotea en lontananza
¡Oh seres alados cruzando el mar y su horizonte!
¡Éxtasis!
Y que de quietud si se escucha un llanto tenue de un bebé
Diciendo "dame de tu leche mamá"
Y otro, sonriéndole a la vida en gorgoteos de gozo

¡Éxtasis!
Y que de quietud si todavía suena mi corazón
Un corazón dolido, sanado por el amor
Amor a mí, por mí, para mí
¡Éxtasis!

MI NIÑO TRAVIESO Y LINDO

Quisiera cantarte una nana, tenerte en mis brazos

Como se tiene a un bebé

Mas eres niño travieso

Me haces maldades a granel

Tocas mi cuerpo en áreas de ricura plena

Se tambalean mis piernas y me haces reír

Gozo inmensamente con tus travesuras

Con tu risa juguetona

Con tu alegría fiel

Gracias mi niño travieso

Haz todas las que quieras, soy feliz

TUS OJOS

Una sola llamada y vuelvo a recordar
Vuelvo a ver tus ojos profundos
Tierra adentro, tierra y mar
Son tus ojos lejanos luceros
En los que existe una historia de amor
Historia que se ha transformado
En lejanía y dolor
Lejanía porque a veces estás lejos
Dolor porque no estás aquí
Son tus ojos mi reflejo, en ellos puedo hasta morir
Sé que ya no es lo mismo, nunca volverá lo que fue
Mas tus ojos quedan siempre, son parte de mi recuerdo
Déjame ver tus ojos morenos
Permíteme adentrarme en tu mirar
Dame la luz de tu profunda mirada
Quiero en tus ojos volver a amar

LO QUE PARECÍA UN ADIOS

Secos tus ojos cual templada caída de tarde
Tu boca en una melancólica sonrisa de abril
Tus mejillas sin el color del toronjil maduro
Solo tus lágrimas desojando tu tierno corazón
Despedida sin decir adiós
Besos sin nunca tocar tu boca
Manos que no dieron tiempo a entrelazar historias
Todo se fue con su partida de mañana
"Vendré a buscarte niña encantada"
"Te estaré esperando caminante de las nubes"
La nube desapareció y trajo el sol radiante
Y trajo días
Y trajo noches
Y trajo lunas maduras
Y trajo vientos del norte
Y un día frente a mi puerta me dijo:
"No puedo decirte adiós"
Y en un eterno abrazo nos besamos y lloramos los dos.

CUANDO TE TENGO ANTE MIS OJOS

Eres luz en la oscuridad de mis pupilas
Eres imagen borrosa que se aclara con tu voz
Eres penumbra de un nuevo amanecer al sentir tu piel en mi cama
Eres risa, eres arrullo, eres sol en mis oscuridades externas
Eres tú mi luz
Mis pupilas no existen, mas tú estás
No sé cómo eres pero sé cómo te siento
Dulce, eterno, jocoso y sentimental
Eres fuerte, eres viril, eres amor en totalidad
Para que quiero mis ojos
Si los tuyos están

TUS LABIOS SON TU VOZ

Tus labios saben besar y saben hablar
Son labios carnosos de rico pronunciar
Me dicen "Te amo, eres mía"
Y yo sonrío sin escuchar
Cerrados al sonido mis oídos no escuchan
Mas mi cuerpo vibra ante la caricia de la brisa, del sol y del mar
Las aves vuelan y sus picos se abren
Y leo en ellos una alabanza a Dios
El aleteo quieto y sereno me indica que van de paseo
Que no escapan
Que no hay tormentas, ni presagios futuros
Y te pregunto: ¿Cómo es tu voz?
Te sonríes, me abrazas, me susurras al oído algo que no puedo escuchar
Te miro, leo tus labios y tu voz suena angelical

ANÁLISIS VESPERTINO

Hoy en la mañana sentí que se acababa el día
Sentí que moría y ya no vería el sol
Percibí que se había completado mi ciclo de vida
Abrí mis ojos buscando perdón
Tonta… mundana… ya se acabó mi giro
Contemplé hacia mis adentros,
Hacia lo bueno que me quedaba
Y di gracias por lo vivido, mi vida pasada
Recordé al ser lleno de done, al que eché al olvido
Y que no dirigí sus pasos bien
Realicé que soy yo
La que han amado, aceptado y odiado
Por mis ansias de aventura y libertad
Sentí dolores agudos deteniéndose en mi pecho
Tratando de buscar un aire que no existía
Dejé que se realizara el deseo del Altísimo
Un aroma celestial llenó aquella habitación
Abrí los ojos y contemplé a mi amado con su tacita
de café
Le di los buenos días y realicé
Que el mensaje por la ventana se colaba
Para decirme:
" No es tu hora… disfruta amada"

El ÁLAMO Y TÚ

En blanco… cuando ya casi todo estaba expresado
En este momento de la nada, tu espacio presencial se llena de metáforas
Y te siento
Y te gusto
Y te extraño
Y te presiento en la nada de mis pensamientos
Te describo con metáforas absurdas que solo entiendo yo
Fuerte, erguido, en tu corteza blanquecina se respira humedad
Esa humedad que me sacia, me nutre y mantiene húmeda de olores a rosas de río
Tus brazos cual hojas anchas en forma de corazón me acarician
Me tientan
Me hacen palpitar de amor
El sonido del pedregal del riachuelo me basta para sentir tu presencia
Para notar tu sonido natural
Eres mi álamo a la orilla del río cerca del puente
Donde me dejé por ti abandonar

A MI AMADO JOSÉ

Junto a ti deseo pasar el resto de mis días
Ofreciéndote todo lo que emana de mí
Sé que soy correspondida
Eres mi amado y siempre José

Cuando creí que ya el amor no existía
Latiste en todo mi existir
Amanecí en tus amaneceres
Disfruté de tu calor y tu furor
Incesante como alma anhelante
Oyendo el ritmo de tu corazón

Según pasan los días, mi corazón se nutre de tí
Eres cual girasol en potencia
Dándome deseos de vivir
Amo, José, lo que tú representas en mi

Nora Socorro Cruz Roque, nace en Guayama el 19 de febrero del 1947. Posee dos grados: Bachillerato en educación y Grado de Maestría en investigación y gestión cultural de la Universidad de Puerto Rico, Recinto de Río Piedras.

Al momento cuenta con once publicaciones:
Gritos silentes de mi patria y de mi gente - Poesía de concientización,
Amaneceres a la luz de tus ojos: Vieques Liberada – Poemario homenaje a Vieques,
Verso y tambó, - Poesía negrista,
Entretelas del viejo cajón – Antología de cuentos,
La olita Marimar en busca de aventuras – Cuento infantil,
El lechoncito majadero– Cuento infantil,
Lilí la muñeca de trapo– Cuento infantil,
En busca de la mentirosa verdad – Cuento, Poemario y Novela corta,
Desde el corazón de una puertorriqueña siete años después – Relatos y anécdotas del pueblo de Azua de Compostela, República Dominicana a través del compartir con los grupos de Puerto Rico,
Pa' los teatreros – Piezas de teatro de literatura infantil,

Desmontajes – Piezas de teatro…

A la luz del pabilo humeante, es un poemario que a través de la poesía comparte en solidaridad con todos aquellos seres que luchan por salirse de las ataduras sentimentales y existenciales.

Este poemario es la búsqueda de la palabra hecha poesía en la poeta, su angustia de no saber cómo escribir y encontrar que solo ella es su propio escribir.

La Liga de Poetas del Sur, inc. es un movimiento literario y cultural fundado en noviembre del 2009 por la gestora cultural Nora Cruz, y un grupo de poetas, declamadores y amantes de las letras, la cultura y el arte.

Desde sus inicios, los miembros de La Liga de Poetas del Sur han sido muy activos en organizar y llevar a cabo actividades destinadas a destacar, promover y desarrollar la actividad literaria, y en especial, el género de la poesía en el área sureste de Puerto Rico, impactando los pueblos de Guayama, Salinas, Santa Isabel, Arroyo, Patillas y Maunabo. La Liga a su vez mantiene alianzas con varios movimientos poéticos alrededor de la isla.

La Liga ha celebra bohemias poéticas, festivales culturales, certámenes literarios y talleres, además de colaborar con otros grupos literarios y cívico-culturales, en su búsqueda de cumplir con su misión.

El año 2013 fue un año muy significativo para La Liga de Poetas del Sur, Inc. por el fuerte desarrollo en la producción y publicación de libros, cumpliendo finalmente con su visión original tras muchos años de trabajo. Con la fundación de su propio sello editorial (Colectivo Editorial La Liga de Poetas del Sur), los miembros de La Liga se proponen rescatar y promover los trabajos de decenas de escritores a quienes se les ha hecho difícil el proceso de la edición y publicación de sus obras.

Esta biografía poética la terminé en este formato el 14 de febrero el 2016

Made in the USA
Columbia, SC
16 August 2024